CATALOGUE GENERAL

DES

MARCHANDS EPICIERS,

ET DES MARCHANDS

APOTICAIRES-EPICIERS

DE CETTE VILLE, FAUXBOURGS ET BANLIEUE

DE PARIS,

Fait le 31 Decembre 1749.

A PARIS,

De l'Imprimerie de PIERRE-PRAULT, Quay de Gêvres, au Paradis.

M. DCC. L.

MESSIEURS LES GARDES
ET ANCIENS GARDES
DES MARCHANDS EPICIERS,
ET
DES MARCHANDS APOTICAIRES-EPICIERS.

MESSIEURS LES GARDES EN CHARGE.

LOUIS-CLEM. VIEILLARD,	1747.	JEAN-DANIEL GILLET,	1748.
AMEDE'E PARIS,	1747.	JACQUES-FLOR. LE PREVOST,	1749.
PAUL LARSONNYER,	1748.	NOEL-PIERRE PASCHALIS,	1749.

MESSIEURS LES ANCIENS.

* **P**Aul Dubois, *Doyen, ancien Conful,*   1710.
* Marc Heron,   1714.
* Antoine Duverger, *ancien Conful,*   1716.
  Pierre Famin, *Doyen, ancien Juge-Conful,*   1718.
* Claude-Joseph Geoffroy, *ancien Echevin & de l'Académie des Sciences,*   1718.
  Amable-Joseph Deschamps, *ancien Conful,*   1719.
  Jacques Niceron,   1723.
* René-Louis Bailly, *ancien Conful,*   1723.
  François-Thomas Sorin, *Député du Commerce,*   1724.
  Claude Villain, *ancien Juge-Conful,*   1725.
  Barthelemy-Auguftin, Boudet, *Juge-Conful,*   1727.
* Spire-Nicolas Pia, *ancien Juge-Conful,*   1728.
* Antoine Chillaud,   1729.
  Louis Millot,   1731.
* Claude Pages, *ancien Juge-Conful,*   1732.
  Barthelemy Fagnou,   1733.
* Jean-Jacques Gorffe, *ancien Conful,*   1733.
  François Camus,   1734.
  George Goujon,   1735.
* Guillaume Laborie,   1735.

Claude-René Sebré ;	1736.
* Henry Charas ,	1736.
Etienne Trumeau ;	1737.
* Joseph-Henry , *ancien Conful* ,	1737.
Louis Guymonneau ,	1738.
Louis-Charlemagne Petit ;	1739.
Pierre-Alexandre Ourfel ,	1740.
* Antoine-René Poullain ,	1740.
Gilbert Bourguignon ,	1741.
* Claude-René Mayol ,	1741.
Pierre Goujon ,	1742.
* Jacques Hennique ;	1742.
Michel Ollivier.	1743.
* Jerôme Bardon ,	1743.
Jean Henocque ;	1744.
* Claude Pia ,	1744.
Jacques Ferry ;	1745.
* Antoine Barbe ,	1745.
Jean-Baptifte Sejourné ;	1746.
* Michel-Eleonor Chachignon ;	1746.

CATALOGUE GENERAL
ALPHABETIQUE.

MESSIEURS,

A

1711. 12 Juin	Adrien	Asselin,	*rue Montmartre.*
1718. 22 Nov.	Jacques-Louis	Alleaume,	*rue des Prouvaires.*
1720. 12 Avril	Pierre	Anquetil,	*rue saint Denis.*
1723. 22 Oct.	Jean	Acloque,	*Fauxbourg saint Antoine.*
1726. 11 Oct.	François	Aubron,	*Marché Neuf.*
1730. 27 Janv.	Jean-François	Alexandre,	*rue Montorgueil.*
1732. 22 Fév.	Louis-Lanfrand	Arnoult,	*rue des cinq Diamans.*
1733. 8 May	Pierre-Jerôme	Anquetil.	*au Gros Cailloux.*
1734. 30 Avril	Jean-Louis	Arembourg,	*Porte saint Honoré.*
30 Juill.	François	Andry,	*rue de la Harpe.*
1736. 25 May	Etienne-François.	Auger,	*rue saint Denis.*
1739. 16 Oct.	Nicolas-Louis	Allais,	*rue des Poulies.*
1747. 27 Oct.	Joseph	Amyot,	*rue saint Jacques.*
1749. 21 Nov.	Pierre-Alexandre	Arnoult,	*rue saint Antoine.*

B

1700. 24 Déc.	Jean	Boudonna,	*Fauxbourg S. Antoine.*
1704. 22 Fév.	François	Bertin,	*rue du Temple.*
1706. 22 Nov.	Jean-Louis	Brouet,	*rue Dauphine.*
1708. 6 Juill.	Jean-François	Breton,	*rue Mouffetard.*
1711. 4 Déc.	Jerôme-Pierre	* Bernard,	*rue de Seve.*
1714. 5 Oct.	Charles	Barbec de la Rue,	*rue Mouffetard.*
1716. 10 Janv.	Pierre	Bitouzé,	*rue des Grands Augustins.*
16 Mars	Louis	Bardin,	*Montagne Ste Genevieve.*
1718. 18 Nov.	Gilbert	Bourguignon, *ancien Garde,*	*rue de la Monnoye.*
22 Nov.	Jean-Bapt. François	Bertin,	*rue saint Victor.*
1720. 19 Janv.	Jerôme	* Bardon, *ancien G.*	*rue du Bacq.*
12 Avril	Louis-Edme	Beau,	*Carrefour des trois Maries.*
23 Août	Pierre.	Breant,	*rue Montmartre.*
13 Sept.	Antoine	Bachelier,	*rue des Petits Augustins.*

MESSIEURS,

1720. 4 Oct.	Gafpard	Badoulleau,	*rue faint Martin.*
25 Oct.	Barthelemy-Juftin	Boudet,	*rue faint Martin.*
1722. 6 Mars	Louis-Nicolas	Barbier,	*rue faint Anaftafe.*
16 Oct.	Antoine	* Barbe, *ancien* Garde,	*rue Notre-Dame.*
27 Nov.	Jacques	Badoulleau,	*rue Aubri-le-Boucher.*
1728. 3 Sept.	Pierre	Beaujeu,	*rue de la Vieille Bouclerie.*
17 Sept.	Nicolas-François	Bonvouft,	*rue Aumaire.*
1730. 17 Fév.	Thomas-Amboife	Bardin,	*Quay des Ormes.*
14 Juill.	Jofeph	Bourgarel,	*rue des Lombards.*
11 Août	Jean-Baptifte	Boutteville,	*rue des Lombards.*
15 Déc.	Jacques	Boullanger,	*rue faint André.*
29 Déc.	Jean-Baptifte	Befnard,	*rue Mouffetard.*
1731. 6 Avril	Louis	Bouillet,	*rue de Bretagne.*
20 Avril	Jean-Jacques	Befnard,	*rue Mouffetard.*
1732. 4 Janv.	Guillaume	Béhours,	*rue du Bacq.*
ledit jour	Louis	Badoulleau,	*rue S. Jacq. de la Boucher.*
16 May	Antoine-Charles	Baluet,	*rue faint Antoine.*
1733. 23 Janv.	Pierre	Barbot,	*rue faint Antoine.*
24 Avril	Jean-Claude	Breton,	*Barriere des Gobelins.*
11 Sept.	Edme	Boudin,	*rue des Vieux Auguftins.*
23 Oct.	Pierre-François	Boiffeau,	*rue faint Honoré.*
20 Nov.	Gilles	Barbier,	*Vieille rue du Temple.*
1735. 29 Avril	Antoine-Louis	Bazin,	*rue faint Honoré.*
1 Juill.	Etienne	Bouchera,	*Fauxbourg faint Antoine.*
7 Oct.	Adrien	Bellot,	*rue des Lombards,*
1736. 14 Sep.	Jean-Baptifte	Buvat,	*rue aux Ours.*
7 Dec.	Jean	Boivin,	*rue des Pet.-Ch. S. Mart.*
1737. 15 Fev.	Jean-Denis	Boivin,	*rue de Condé.*
2 Août	Ignace-Théodore *	Brongniard,	*rue de la Harpe.*
20 Sep.	Etienne	Bouillerot,	*rue Mouffetard.*
24 Dec.	Nicolas	Boileuc,	*rue du Bacq.*
1738. 17 Janv.	Louis	Bourgeois,	*Fauxbourg faint Antoine.*
29 Août	Guillaume	Befnard,	*rue faint Martin.*
12 Dec.	Guillaume	Benois,	*rue Planchemibray.*
19 Dec	René-Antoine	Bigot,	*Cloître faint Mery.*
1739. 13 Nov.	Nicolas	Balin,	*rue faint Victor.*

MESSIEURS,

1740.	4 Mars	Pierre	Bertrand,	rue Tirchape.
	27 May	Nicolas	Barbier,	rue de Seine.
	21 Oct.	Louis-René	*Bailly,	rue de la Verrerie.
	25 Nov.	Jean-Claude	Bienaimé,	rue faint Antoine.
1741.	17 Fev.	Charles-François	*Bruley,	rue des Cordeliers.
	21 Avril	Charles-François	*Bailly,	rue de la Verrerie.
	2 Juin	Louis-Antoine	*Bellier,	rue Beauregard.
	11 Août	Etienne	Beguin,	rue Calandre.
1742.	17 Août	Marc	Brou,	rue faint Martin.
	9 Nov.	Etienne	Blangy,	Cloître fainte Opportune.
1743.	18 Janv.	Nicolas	*Bedu,	rue Mouffetard.
	18 Fev.	Jean-Baptiste	Boulanger,	rue de la Harpe.
	3 May	Louis	*Boulanger,	rue des Vieux Augustins.
	2 Août	Gabriel	Bremon,	rue de Seve.
	9 Août	François - Guillau-me	*Bert,	rue de Beaune.
	27 Sep.	Nicolas	Blet,	rue du Four, F. S. Germ.
	20 Dec.	Charles	Bailbled,	rue du Four S Eustache.
1744.	15 May	Louis	Bouvey,	rue
1745.	12 Fev.	Jacques	Ballet,	rue faint Martin.
	9 Avril	Jean-François	*Boulduc,	rue des Boucheries.
	17 Sep.	Jacques	Bertin,	rue Montmartre.
1746.	12 Août	Franç. Christophe	Barbet de la Rue,	rue de la Juiverie.
	18 Oct.	André	Brebion,	rue de l'Arbre-fec.
1747.	14 Juill.	Jacques	Briens,	rue
	15 Sep.	Thomas	Befnard,	rue Bourtibourg.
1748.	22 Mars	Pierre-René	Bergerat,	rue des Prêcheurs.
	25 Oct.	Joseph	*Bataille,	Montagne Ste Genevieve.
	8 Nov.	François	Bordet,	à la Gréve.
1749.	10 Oct.	Pierre	Bourgeois,	à la Croix rouge.

C

1686.	4 Janv.	Nicolas	Creton,	rue faint Antoine.
1708.	30 Mars	Louis	Coüet,	rue faint Honoré.
1716.	23 Oct.	Pierre	Coufin,	rue Michel le Comte.
1717.	5 Nov.	Henry	*Charas, anc. Garde,	rue Dauphine.

MESSIEURS,

1718. 21 Oct.	Charles-Nicolas	* Clement,	rue du Four S. Germain.
1720. 4 Oct	Michel-Eleonor	* CHACHIGNON, an. G.	rue saint Honoré.
11 Oct.	Jerôme	Cousin fils,	rue saint Honoré.
1722. 3 Juill	Elie	Cotté,	rue Montorgueil.
25 Sep.	Pierre-Samuel	Chenu,	rue saint Martin.
2 Oct.	Jacques	Castel,	Porte saint Michel.
1723. 30 Juill.	Jean	Cardon,	rue Hyacinthe.
1728. 9 Janv.	Marin	Cony,	rue de la Vieille Draperie.
12 Mars	François	Constant,	rue des Orties.
1730. 14 Juill.	Pierre-Julien	Charier,	Fauxbourg saint Antoine.
4 Août	Antoine-Marie	* Chilhaud,	rue de Seine, F. S. Germ.
1731. 12 Oct.	Jacques-Paul	Claret,	rue de la Vieille Monnoye.
1732. 7 Mars	Charles	Canel,	rue saint Antoine.
1733. 31 Juill.	Louis-Benjamin	Chervise,	rue des Prouvaires.
31 Août	Claude-François	* Cesac,	rue Neuve saint Etienne.
1734. 14 May	Jacques	Cheveny,	rue Mouffetard.
1736. 26 Oct.	Jean-Paul	Cugno,	rue de la Monnoye.
1738. 28 Mars	François	Crosnier,	rue S. Jacq. la Boucherie.
1739. 18 Sep.	Pierre	* Chilhaud,	rue du Petit-Lion.
11 Dec.	Bertrand	* Couzier,	rue de Grenelle S. Honoré.
1740. 8 Janv.	Jean-Jacques	Careyvillier,	rue saint Honoré.
3 Juin	Antoine	Cochepin,	rue Troussevache.
1742. 1 Juin	Pierre	Cassel,	rue Neuve saint Martin.
7 Sep.	Jean	Chevalier,	rue
7 Dec.	Jean-René	Colin,	Place Baudoyer.
1743. 8 Fev.	Pierre	Careau,	Orme saint Gervais.
12 Juill.	Gilles-Denis	Cassel,	Cimetiere saint Jean.
2 Août	Pierre-Louis	Camus,	rue de Bourbon, F. S. G.
27 Sept.	Louis	Cornillard,	rue de Séve.
1744. 28 Fev.	François-Alexis	Claret,	Fauxbourg saint Antoine.
22 May	Charles	Coffin,	Fauxbourg saint Honoré.
18 Dec.	Jean-Nicolas	Colas,	rue Grenier saint Lazare.
1745. 26 Fev.	Nicolas	Colin,	rue des Lombards.
1746. 5 Août	Jerôme	Chandelier,	F. S. Ger. rue du Sépulchre.
1748. 26 Juill.	Noel	Coiffet,	rue de la Savonnerie.
dudit jour	Laurent	Cousin,	rue Neuve saint Martin.

MESSIEURS,

1748. 2 Août	Nicolas-Pierre	Camus ;	rue Saint Denis.
1749. 16 May	Louis-Joachim	Cattet,	rue
23 May	Franç. Alexandre	Colombel ;	rue des Lombards.

D

1695. 1 Juill.	Paul	*Dubois, anc. Gar. & Doyen.	rue de Seine , F. S. Germ.
1702. 10 Nov.	Pierre	Desmarets ,	rue des Boucher. F. S. G.
1712. 18 Nov.	Charles	Dupré ,	rue Mazarine.
1713. 6 Oct.	Robert	Dufresne ;	rue des Lombards.
1716. 10 Janv.	Nicolas	Dunet ,	rue des Prouvaires.
1718. 18 Nov.	Jean-Louis	Delacombe ,	rue de la Potterie.
dudit jour	Jacques	Danzel ,	rue saint Germain.
1720. 1 Fev.	Alexandre-Pean	De Saint-Gilles ,	rue Plâtriere.
11 Oct.	Antoine	De la Mare ,	rue saint Martin.
1721. 24 Janv.	Pierre	Doinville ,	Fauxbourg saint Martin.
29 Août	Marin	De la Motte ,	rue des deux Ecus.
1722. 23 Janv.	Simon	Dolimier ,	rue de l'Arbre-sec.
1723. 6 Août	Louis-Martin	Dumoutier ,	à la Croix rouge.
dudit jour	Thomas-Jolivet	De la Veronniere ,	au Puits-Certain.
1 Oct.	Noel	De la Voypierre ,	Portail saint Eustache.
1724. 9 Juin	Jacques	Dubois ,	rue saint Martin.
13 Oct.	Jacques-Goria	De Chateaufleure ,	rue Mouffetard.
1725. 25 May	Jean	De la Mare ,	rue saint Martin.
1726. 13 Dec.	Marc-Michel	Du Trembley ,	rue de la Truanderie.
1727. 8 Mars	Jerôme-Gilles	De Bassonville ,	rue des Cordeliers.
1728. 15 Oct.	Albert	Descossine ,	rue de Seve.
1730. 3 Fev.	Barthelemi	Dombre ,	rue des Prouvaires.
dudit jour	Sulpice	De Bauve ,	rue de la Heaumerie.
1730. 28 Juill.	Jean-Baptiste	Dumay ,	Fauxbourg saint Jacques.
24 Nov.	Jean-François	Ducornoy ,	rue Froidmenteau.
22 Dec.	Jean	Douaud ,	rue Mauconseil.
1731. 23 May	Nicolas	Delelo ,	rue des Barres.
14 Sep.	Antoine	Dumoutier ,	rue des Prouvaires.
14 Dec.	Mathurin-Jacques	Dedessuslemoutier,	Concierge du Bureau.
1732. 27 Juill.	Guillaume	*Dudesert ,	rue saint Avoye.
19 Dec.	Charles	Duclos ,	rue saint André des Arts.

B

MESSIEURS,

1733. 21 Août	François-Laurent	Dumoutier,	*rue de la Truenderie.*
1734. 10 Sep.	Antoine	Doudeuille,	*rue de la Coſſonnerie.*
1735. 29 Avril	Philippe-Ollivier	De la Grouë,	*rue des deux Ponts.*
20 May	Ren. Alex. Greſlier	De la Noë,	*rue de Seve.*
12 Août	Louis-François	Dauphin,	*rue de la Comédie Franç.*
14 Oct.	Thomas	De Launay,	*rue ſaint Paul.*
1736. 18 May	Charles	De la Voypierre,	*rue Neuve des Petits-Ch.*
1737. 25 Janv.	François	Duval,	*rue du Four, F. S. Germ.*
8 Nov.	Laurent	Ducoin,	*rue des deux Ponts.*
13 Dec.	Jean	* Dufour,	*Marché aux Poirées.*
1738. 17 Janv.	François	De Lorme,	*rue de la Coſſonnerie.*
31 Janv.	Nicolas	Du Hazé,	*rue ſaint Denis.*
14 Fev.	Nicolas	Dujardin,	*rue Phelipeaux.*
22 Août	Leonard-Nicolas	Dupuismoret,	*rue de la Vieille Monnoye.*
19 Sep.	François-Louis	* Deſprez,	*rue des Foſſés S. Germain.*
10 Oct.	Nicolas-François	Deſmié,	*rue ſaint Denis.*
1740. 5 Fev.	Nicolas	Derinelle,	*rue de la Lanterne.*
27 May	Antoine-Marie	Debourge,	*rue de Savoye.*
29 Juill.	Louis	De la Combe,	*rue de l'Arbre-ſec.*
23 Dec.	Jacques	Dupuis,	*Porte ſaint Jacques.*
1741. 3 Fev.	François	DelaFuyeJoyenval	*rue de la Juiverie.*
14 Avril	François	Dubourg,	*Place du Palais Royal.*
28 Avril	Louis-Raymon	* De la Riviere,	*rue de Richelieu.*
12 May	Antoine-Exupere	* Daliez,	*rue S. Louis au Marais.*
1742. 16 Mars	Nicolas	Deſcoings,	*rue des Boucher. F. S. G.*
20 Juill.	Robert	De Lorme,	*rue de la Coſſonnerie.*
3 Août	Claude	Duval,	*rue ſaint Honoré.*
23 Nov.	Antoine-Louis	Du Hazé,	*Fauxbourg ſaint Denis.*
1743. 11 Janv.	Louis	* De Moret,	*rue ſaint Martin.*
8 Fev.	Claude-Vincent	Duval,	*rue ſaint Antoine.*
1744. 17 Avril	Jean	De la Motte,	*Fauxbourg ſaint Honoré.*
11 Sep.	Pierre-Paul	De la Grouë,	*rue ſaint Germain.*
4 Dec.	Charl. Guil. Louvet	Dubois,	*rue Aubri-le-Boucher.*
1745. 5 Mars	Louis	Dubois,	*rue Mouffetard.*
dudit jour	Leonard	Danjou,	*rue Saint Denis.*
9 Avril	Nicolas	Danré,	*rue ſaint Martin.*

MESSIEURS,

1745. 24 Sep.	Pierre-Alexandre	Debeine,	rue du Harlay.
1746. 26 Août	Michel	Durand,	rue Jean-Saint Denis.
1747. 30 Juin.	Denis-Pierre	Demonbynes,	rue saint Martin.
1748. 14 Juin	Jean	Duffaux,	rue de la Huchette.
5 Juill	François	Des Ecouttes,	rue Jean-de-l'Epine.
4 Oct.	Gabriel	Debeffe,	rue de Beaune.
1749. 17 Janv.	Louis	Delondre,	rue des Lombards.
24 Janv.	Thomas	Delelo,	Montagne saint Hilaire.
30 Janv.	Charles-Dominiq.	Duchefne,	rue saint Antoine.
14 Mars	Martin	Danne,	rue saint Denis.
18 Avril	Jean-Gilbert	Dufautoy,	rue
25 Avril	Jean-Baptiste	Duchemin,	rue saint Honoré.
13 Juin	Charles	De la Place,	près le Grand Châtelet.
27 Juin	André-Philippe	Danzel,	rue saint Antoine.
7 Nov.	Pierre-Henry Pean	De Saint-Gilles,	rue Plâtriere.

E

1720. 6 Sep.	André	Euftache,	rue saint Louis au Marais.
1727. 4 Juill.	Bernard	Emery,	Place Maubert.
1736. 13 Juill.	Simon-Pierre	Efnault,	rue Traifnée.
1745. 19 Mars	Denis	Edeline,	rue des Mauvais Garçons.

F

1711. 19 May.	Barthelemi	Fagnou, anc. Gar.	rue de la Truenderie.
1713. 6 Oct.	Joachim	Famin,	rue des Prêcheurs.
1714. 25 May	Pierre	Foucher,	rue de Seine F. S. Germ.
1720. 8 Mars	Jacques	Ferry, ancien Garde,	rue de la Truenderie.
4 Oct.	Jean-Baptiste	Filliot,	Fauxbourg saint Antoine.
1721. 19 Dec.	Antoine	Fournier,	Fauxbourg saint Jacques.
1726. 20 Dec.	Martin	Fremin,	rue saint Martin.
1728. 26 Nov.	Louis-Pierre	Fourcroy,	rue du Bon Puits.
1729. 7 Janv	Sebaftien	Feuillet,	rue de la Mortellerie.
1734. 8 Janv.	Jacq. Barthelemy	Fagnou,	rue de la Truenderie.
22 Oct.	Nicolas	Fournier,	Marché aux Poirées.
1735. 27 May	Louis-Jofeph	Fatou,	rue saint Denis.
1737. 6 Sep.	Antoine	Fleury,	rue saint Honoré.

MESSIEURS,

1738. 18 Avril	Claude	Forfan,	*rue des Arcis.*
1739. 18 May	Claude-Charles	Fremin,	*rue faint Denis.*
1743. 18 Fev.	Pierre	Fatou,	*Porte Montmartre.*
9 Août	Pierre-Mathieu	Fournier,	*rue faint Jacques.*
1744. 27 Mars	Pierre	Ferry,	*Marché aux Poirées.*
1745. 5 Fev.	Jacques-Antoine	Ferry,	*rue de la Truenderie.*
1746. 21 Oct.	Jean-Claude	Frary,	*rue de la Mortellerie.*
1747. 26 May	Nicolas-Pafquier	Fourrier,	*Fauxbourg faint Antoine.*

G

1686. 4 Janv.	Claude-Jofeph	* GEOFFROY, an-cien Garde,	*rue Bourtibourg.*
1713. 11 Août	Robert	Gorand,	*rue des Prouvaires.*
18 Août	Louis	GUYMONNEAU, an-cien Garde,	*rue des Petits-Champs.*
1714. 27 Avril	Jean-Jacques	* GORSSE, *an.* Garde,	*Fauxbourg faint Antoine.*
1715. 7 Juin	Pierre	GOUJON, *an.* Garde,	*Porte faint Antoine.*
1717. 9 Juill.	Louis	Gobia,	*rue du Bacq.*
1718. 22 Nov.	Jean	Godare,	*rue faint Martin.*
1719. 1 Dec.	Jean	Guirault,	*Place Maubert.*
1720. 20 Sep.	Louis	Guyot,	*Fauxbourg faint Denis.*
27 Sep.	Denis-Louis	Goujon,	*rue Aubri-Boucher.*
ledit jour.	Jacques-Simon	* Geffrotin,	*rue des Canettes.*
4 Oct.	Adrien	Goujon,	*rue des Ecrivains.*
ledit jour	Jean-Daniel	* GILLET, Garde en Charge,	*rue des Lombards.*
1722. 4 Dec.	André	Germain,	*rue des Lombards.*
1725. 1 Juin	Bernard	Genies,	*rue de la Potterie.*
1728. 16 Juill.	Jean	Greban,	*rue de l'Ave-Maria.*
1730. 13 Janv.	Antoine	Gallet,	*rue Quinquampois.*
23 Juin	Etienne	Gallet,	*rue faint Mederic.*
1731. 12 Janv.	Charles	Garnier,	*rue de Poitou.*
dudit jour.	Jean	Guerault,	*rue Montorgueil.*
19 Oct.	Denis	Gaut,	*rue de Clery.*
14 Dec.	Jean-Antoine	Gilles,	*rue faint Jacques.*
1733. 4 Dec.	Pierre	Granjean,	*rue faint Honoré.*

MESSIEURS,

1734 7 May	Julien	Garnuchot,	rue Phelipeaux.
1735. 6 May	Claude	Gautier,	rue de la Comédie Franç.
1736. 14 Dec.	Antoine-Nicolas	Goujon,	Place Maubert.
1737. 9 Août	Louis-Joseph	Gouffé,	rue de la Barillerie.
dudit jour	Pierre	Genisty,	rue des Boucher. F. S. G.
29 Nov.	Jean-Louis	Guymonneau,	rue des Petits-Champs.
20 Dec.	Didier	Guillaume,	rue de la Cordonnerie.
1738. 26 Sep.	Charles	Gillet,	rue Neuve des Petits-Ch.
1739. 27 Fev.	Louis-Etienne	Geré,	rue Poiſsonniere.
3 Juill.	Pierre	Georget,	rue du Four, F. S. Germ.
10 Juill.	Anthelme	* Genand,	Place Maubert.
21 Août	François	Gabeau,	rue du Petit Pont.
1740. 29 Avril	Pierre-André	Gaſtellier,	rue de la Mortellerie.
1741. 11 Août	Robert	Gaillard,	vis-à-vis l'Horloge du P.
1742. 23 Nov.	Robert	Gorand,	rue des Prouvaires.
1743. 18 Fev.	Claude	Guyot,	rue de la Juiverie.
26 Avril	Louis	Gillet,	rue ſaint André.
19 Juill.	Nicolas	Guerin,	Carrefour ſaint Benoît.
ledit jour	Edmon-Jean	Georget,	rue des Vieux Auguſtins.
ledit jour	Pierre	Goujon,	Porte ſaint Antoine.
1744. 8 Dec.	Jacques	Grimard,	rue
1745. 5 Mars	Robert-Jacques	Gillet,	rue du Mail.
1746. 25 Nov.	Etienne	Girard,	rue S. Louis au Marais.
1747. 2 Juin	Pierre	Gaillard,	Place aux Veaux.
18 Août	Pierre-Jean-Reim.	Garnier,	rue
1748. 13 Sep.	Henry-Linot	Guerin,	Fauxbourg ſaint Jacques.
1749. 24 Janv	Bernard-Alexandre	Gibert,	rue d'Argent. Butte S. R.
24 Oct..	Henry	Galland,	rue

H

1708. 20 Juill.	François	Hebert,	Fauxbourg ſaint Jacques.
1713. 11 Août	Jean-Pierre	Hatry,	rue des Lombards.
1714. 23 Nov.	Denis-Louis	Hanocque,	Porte ſaint Antoine.
1715. 15 Nov.	Jacques	Haudoire,	Quay de l'Ecolle.
1716. 15 May.	Antoine	Hennique,	Fauxbourg Montmartre.

MESSIEURS,

1717. 13 Août	Barnabé	Hoüet,	*rue du Four, F. S. Germ.*
10 Dec.	Pierre-Philippe	Henault,	*Fauxbourg faint Honoré.*
1719. 31 Mars	Claude-Emanuël	Houdet,	*Fauxbourg faint Antoine.*
21 Juill.	Jean	Henocque, *ancien* Garde,	*rue de la Truenderie.*
1720. 12 Juill.	Jacques	* Hennique, *ancien* Garde,	*rue S. Jacq. la Boucherie.*
20 Sep.	François-René	Hatry,	*rue de la Truenderie.*
11 Oct.	Jean-Charles	* Habert,	*rue du Four, F. S. Germ.*
1722. 23 Oct.	Alexandre	Houllier,	*rue des Marmouzets.*
1728. 2 Avril	Bon-Benigne	Hogard,	*rue faint Martin.*
1730. 10 Juill.	Pierre	Hugot,	*rue Montorgueil.*
1734. 3 Sep.	Jean	Hubert,	*rue des Urfins.*
1735. 6 May	Jean-Pierre	Hatry le jeune	*rue des Lombards.*
4 Nov.	Louis	Houdry,	*rue de la Verrerie.*
1737. 6 Avril	Barthelemy	Hubert,	*rue fainte Marguerite.*
1740. 12 Fev.	Claude	Houdemare,	*rue de la Vieille Monnoye.*
30 Dec.	Adrien-Louis	Hevet,	*rue de Buffy.*
1741. 5 May	Jacques-Philippe	Hervier,	*rue Montmartre.*
1 Dec.	Pierre	Hudicourt,	*Pointe faint Euftache.*
1743. 8 Fev.	Jean-Marie	Huë,	*rue faint Martin.*
1744. 4 Dec.	Jean-Pierre	Henocque,	*rue de la Truanderie.*
1746. 4 Mars	Marc-Antoine	Hucher,	*vis-à-vis faint Sulpice.*
13 May	Jacques	Houdry,	*rue fainte Avoye.*
16 Dec.	Claude	Hebert,	*Fauxbourg faint Jacques.*
1748. 2 Nov.	Pierre-Auguftin	Hainffelin,	*rue S. Jacq. la Boucherie.*

J

1718. 18 Nov.	Louis	Jourdain,	*Porte Montmartre.*
1720. 4 Oct.	Amand-Louis	* Jauffin,	*rue de Vaugirard.*
1729. 9 Dec.	Jean-François	Iard,	*Vieille rue du Temple.*
1735. 26 Août	François-Gilles	Jaullin,	*Montagne Ste Genevieve.*
1739. 26 Juin	Chriftophe	Jauvin,	*rue des Vieux Auguftins.*
1740. 1 Juill.	Pierre	Jolly,	*rue Mouffetard.*
1742. 9 Fev.	Pierre	Jolly,	*rue Notre-Dame.*

MESSIEURS,

1744.	14 Fev.	Pierre	Joſſe,	rue de la Barillerie.
	4 Dec	Balthazard	* Julliot,	rue Ste Marguer. F. S. G.
1748.	8 Nov.	Nicolas-Henry	Jorrant,	rue ſaint Honoré.

L

1714.	3 Juill.	Jean	L Oiſeau,	rue de Richelieu.
	9 Nov.	Guillaume	* LABORIE, anc. Gard.	rue ſaint Antoine.
1717.	16 Fev.	Jean-François	Labbé,	rue du Bacq.
1718.	9 Juill.	Alexis	Le Vaſſeur,	rue Poiſſonniere.
1719.	1 Dec.	Nicolas-François	Le Clerc,	rue de Bretagne.
1720.	3 May	François	Luneau,	rue de la Mortellerie.
	17 dud.	François	Luzarche,	rue ſaint Martin.
	5 Juill	Jacques-Florent	LE PREVOST, Garde en Charge,	rue Ste Marguer. F. S. G.
	11 Oct.	François	Ladainte,	rue des Petits-Champs.
	25 Oct.	Jean	Le Clerc,	rue Aumaire.
	13 Dec.	Pierre	* Laban.	rue des deux Ponts.
1721.	8 May	Paul	LARSONNIER, Garde en Charge,	rue Quinquampois.
1722.	8 May	Jean	Le Goff,	rue du Temple.
	22 dud.	Pierre	Le Roy,	rue de l'Ourſine.
1726.	15 Nov	Philippe	Le Breton,	rue ſaint Martin.
1728.	6 Fev.	Jean-Baptiſte	Le Vaſſeur,	rue Mouffetard.
	22 Oct.	Georges	Lormier,	rue de Seine.
1730.	14 Avril	Jean-Alexandre	Le Merle,	rue de l'Arbre-ſec.
	20 May	Pierre	Lallié,	rue d'Orléans S. Honoré.
	2 Juin	Charles	Le Romain,	rue des Prouvaires.
	22 Dec.	Jacques	Lucas,	Carrefour Guillorie.
1731.	22 Juin	François	* Lapierre,	rue Montmartre.
1732.	18 Janv.	Jean-Pierre	Le Grand,	rue Neuve ſaint Mery.
	28 Mars	Louis	Le Verve,	rue de la Harpe.
	11 Juill	Jacques	Labbé,	rue de l'Ourſine.
	8 Aoû	Gabriel	Lesfilles,	dans ſaint Jean de Latran.
1733.	11 Sep	Pierre	Le Sage,	rue Guerin-Boiſſeau.
	28 Oct	Pierre	* Le Bel,	rue ſaint Antoine.
1734.	4 Juin	Pierre	Le Normand,	Croix des Petits-Champs.

MESIEURS,

1734. 18 Juin.	Louis-Joseph	Loquet,	*rue saint Germain.*
17 Sep.	Eloy	Le Leu,	*Sous les Pilliers d'Etain.*
24 dud.	Denis-Christophe	Lucas,	*Port-Paris.*
22 Oct.	Antoine	Le Febvre,	*rue Mouffetard.*
1735. 2 Sep.	Jacques-Arnoult	Lhomme,	*rue saint Denis.*
21 Oct.	Adam	Le Roy,	*rue de la Truanderie.*
1736. 15 Juin	Arnoult-Joseph	Laloy,	*dans l'Abbaye S. Germain.*
3 Juill.	Pierre-Augustin	* Le Maire,	*rue saint Paul.*
28 Sep.	Pierre	Le Prince,	*rue des Lombards.*
1737. 5 Avril	Jean-Bap. Leger	Lepost,	*rue de la Verrerie.*
1739. 9 Janv.	Denis-Claude	Loyseau,	*rue saint Antoine.*
13 Mars	Guillaume-Thomas	Le Febvre,	*rue des Fossés saint Germ.*
10 Juill.	Antoine-Joseph	Lorin,	*rue Montmartre.*
25 Sep.	Charles	La Mouche,	*rue saint Denis.*
1740. 30 Sep.	Jean-Baptiste	Le Couvreur,	*Fauxbourg saint Jacques.*
1741. 5 May	Prothais-Charlem.	Le Blanc,	*rue de la Harpe.*
28 Juill.	Jean-Antoine	Lange,	*Fauxbourg saint Martin.*
1742. 16 Fev.	Etienne-Gilbert	Latour,	*rue de Poitou.*
16 Mars	Robert	Le Duc,	*rue Dauphine.*
1 Juin	Robert	Lesguillier,	*rue des Lombards.*
27 Juill.	Maurice	Laurencin,	*rue des Lombards.*
12 Oct.	Claude	Le Maire,	*rue de Richelieu.*
16 dud.	Etienne	Loyset,	*rue Neuve saint Martin.*
14 Dec.	Benoît	Le Noir,	*rue saint Jacques.*
1743. 11 Janv.	Sebastien	Le Vieil,	*rue des Lombards.*
18 dud.	Charles	Labbé,	*Place de Gréve.*
8 Fev.	Philibert	Le Clerc,	*rue de la Harpe.*
dudit	Claude	Le Vasseur fils,	*rue Poissonniere.*
22 Mars	Charles	Le Normand,	*rue saint Dominique.*
19 Juill.	Nicolas	Larue,	*rue Betisi.*
dudit	Pierre	Le Sage fils,	*rue Guerin-Boisseau.*
9 Août	Robert	Lapy,	*rue saint Jacques.*
dudit	Jean-René.	Leon,	*rue Dauphine.*
29 Nov.	Jean-Bapt.-Jacques	Le Prince,	*rue Dauphine.*
1744. 24 Janv.	Antoine	Le Cat,	*Place saint Michel*
14 Fev.	Thomas	Le Moyne,	*Fauxbourg saint Honoré.*

MESSIEURS,

1744.	6 Mars	Pierre-Gaston	La Forge,	rue *Phelipeaux.*
	17 Avril	Claude-François	Lanternat,	*rue du Petit-Lion.*
	4 Dec.	Augustin	Le Febvre,	*rue de la Harpe.*
1746.	21 Janv.	Joseph	Le Villain,	*rue de la Fromagerie.*
	7 Oct.	Pierre	Lange,	*près le Petit-Châtelet.*
	18 Nov.	Gabriel-Joachim	Le Prevost,	*rue du Four, F. S. Germ.*
	dudit jour	François-Nicolas	Le Masson,	*rue Quinquampois.*
	2 Dec.	François	Le Guey,	*rue de Charenton.*
1747.	17 Fev.	Claude	Le Febvre,	*rue des Arcis.*
	28 Juill.	Etienne	* Lapierre,	*rue saint Antoine.*
	27 Oct.	François	Le Sieur,	*rue des Cordeliers.*
1748.	19 Juill.	Leger	Liquet,	*rue*
	26 dud	Philippe-Nicolas	Le Moine,	*rue des Lombards.*
	6 Sep.	Louis	Le Roux,	*rue de l'Arbre-sec.*
	20 dud.	Maurice	Le Clerc,	*rue de la Huchette.*
	4 Oct.	Xavier	Lievain,	*rue saint Honoré.*
	15 Nov.	Laurent-Charles	* Laplanche,	*rue du Roulle.*
	31. Dec.	François	Le Romain,	*rue de la Harpe.*
1749.	4 Juill.	Pierre-André	Le Clerc,	*rue du Four, F. S. Germ.*
	5 Dec.	Joachim	Larsonneur,	*Fauxbourg saint Jacques.*
	24 dud.	René-François	Le Romain,	*rue saint Honoré.*

M

1710.	19 Sep.	Claude	Mazure,	*rue de la Potterie.*
1711.	30 Janv.	Guillaume	Mercier,	*rue de la Vieille Bouclerie.*
1714.	26 Oct.	Denis	* Machereau,	*rue saint Honoré.*
1715.	9 Août	Claude	Morain,	*rue du Bacq.*
1717.	2 Juill.	Jean-Baptiste	Maufroy,	*rue des Ecrivains.*
1719.	30 Juin.	Gabriel-Auguste	Mauger,	*rue Coquilliere.*
1720.	16 Fev.	Denis	Mezard,	*rue Darnetal.*
	8 Mars	Pierre	Martel,	*rue Neuve saint Mery.*
	27 May	Claude-René	* Mayol, *anc. Garde,*	*Fauxbourg saint Antoine.*
	11 Oct.	Jacques-Etienne	* Morin,	*Marché aux Poirées.*
1721.	30 May	Pierre-Aubin	Moulin,	*rue de la Vieille Monnoye.*
1722.	16 Janv.	Nicolas	Masson,	*rue saint Paul.*
	11 Sep.	Claude-François	* Morel,	*à la Croix rouge.*

MESSIEURS,

1722. 18 Dec.	François-Louis	Marion Deslandry,	*rue saint Honoré.*
1724. 15 Sep.	Claude	Mahieux,	*rue des Moynneaux.*
17 Nov.	Jean	Millot,	*Montagne Ste Genevieve.*
1725. 22 Dec.	Pierre	* Martin,	*à l'Hôtel de Condé.*
1728. 5 Nov.	Alexandre	Machelard,	*rue de la Harpe.*
12 dud.	Pierre	Millet,	*rue Betisi.*
1729. 11 Mars	Jean	Malide,	*rue Montorgueil.*
6 May	Jean-Baptiste	Morel,	*rue S. Thomas du Louvre.*
1731. 6 Avril	Jean-Baptiste	Marchand,	*rue Jacob.*
14 Dec.	Mathurin-François	Menceau,	*rue saint Severin.*
1732. 22 Août	Pierre	Millot,	*rue Aubri-le-Boucher.*
1733. 27 Mars	Antoine	Marfondet,	*rue Gallande.*
29 May	Guillaume-Laurent	Morel,	*rue de l'Ave-Maria.*
14 Août	Nicolas	Mautemp,	*rue des Lombards.*
1734. 26 Fev.	Joseph	Marchand,	*rue sainte Avoye.*
31 Dec.	Martin	* Meslier,	*rue de l'Arbre-sec.*
1737. 15 Mars	Edme	Morin,	*rue Jean de l'Epine.*
11 Oct.	Louis	Moillet,	*rue Montorgueil.*
1738. 10 Janv.	Guillaume	Mouette,	*devant les Gobelins.*
1739. 3 Juill.	Louis-François	Minard,	*rue de la Tisseranderie.*
16 Oct.	Louis	Meslin,	*rue Neuve des Petits-Ch.*
1740. 1 Avril	François-Louis	Marie,	*rue de la Feronnerie.*
dudit jour	Charles	Mesaiger,	*rue des Lombards.*
21 Oct.	Jacques-Remy	Metas,	*Fauxbourg saint Martin.*
1742. 22 Juin	Nicolas	Marseau,	*Fauxbourg saint Jacques.*
17 Août	Jean	Merlet,	*rue Bourlabé.*
1743. 8 Fev.	Jean-Jacques-Remi	Mordant dit de Launay,	*Barriere de Charonne.*
2 Août	Louis	Moullé,	*rue saint Honoré.*
9 dud.	Henry	Mesnage,	*Fauxbourg saint Antoine.*
23 dud.	Louis	Masson,	*rue de la Vieille Draperie.*
6 Sep.	Paul	Mesnil,	*aux Petits Carreaux.*
13 Dec.	Nicolas-Henry	Mazion,	*rue Comtesse-d'Artois.*
1744. 7 Mars	Jean-François	* Mayol,	*rue de la Juiverie.*
1745. 18 Juin	Jacques	Monard,	*rue Dauphine.*
10 Dec.	François-Joseph	Malepeyre,	*Fauxbourg saint Antoine.*

MESSIEURS,

1748.	31 May	Pierre-François	Malin,	*rue du Four, F. S. Germ.*
	20 Sep.	Henry	Morel,	*Place Dauphine.*
	15 Nov.	Pierre	Metal,	*rue des Prêcheurs.*
1749.	14 Mars	François	Monnier,	*rue des Lombards.*
	27 Juin	Jean-Marie	Mongirard,	*rue des Lombards.*

N

1689.	6 May	Jacques	Niceron, *anc. G.*	*rue Comtesse-d'Artois.*
1707.	28 Oct.	Charles	Nepveu pere,	*rue Mazarine.*
1720.	9 Fev.	Jean-Baptiste	Nepveu,	*rue Darnetal.*
1736.	1 Dec.	Charles-René	Nepveu,	*rue de la Calandre.*
1739.	19 Juin.	Charles-François	Nepveu,	*Porte saint Jacques.*

O

1716.	27 Mars	Pierre-Alexandre	Oursel, *anc. Gar.*	*rue Betisi.*
1718.	22 Nov.	Michel	Ollivier, *anc. Gar.*	*rue des Prouvaires.*
1719.	1 Dec.	Simon-André	Oursel,	*rue des Gravillers.*
1720.	18 Oct.	Jean-François	Ollivier,	*rue de Popincourt.*
1743.	26 Juill.	François-Michel	Ollivier fils,	*rue des Prouvaires.*

P

1686.	4 Janv.	Denis	Paris,	*Cloître sainte Opportune.*
1706.	12 Fev.	Pierre-François	Prestre,	*rue Quinquampois.*
1712.	1 Sep.	Spire-Nicolas	*Pia, ancien Garde,*	*rue du Four, F. S. Germ.*
1713.	1 Sep.	Claude	*Pages, ancien Garde,*	*rue aux Ours.*
1714.	13 Juill.	Adrien	Percheron,	*rue saint Martin.*
1718.	3 Juin	Georges	Pellu,	*Montagne Ste Genevieve.*
	29 Juill.	Louis-Charlemag.	Petit, *ancien Garde,*	*Porte saint Martin.*
	23 Sep.	Antoine	Poncel,	*rue Phelipeaux.*
1719.	20 Janv.	Pierre	Provin,	*rue de la Coutellerie.*
1720.	3 May	Antoine-René	*Poullain, anc. Gar.*	*Echelle du Temple.*
	26 Juill.	Claude	*Pia, ancien Garde,*	*rue des Boucher. F. S. G.*
	25 Oct.	Pierre-Ollivier	Passavant,	*Fauxbourg saint Martin.*
1722.	27 Nov.	Nicolas	Poitevin,	*rue Mouffetard.*
1724.	5 May	Étienne	Petit,	*rue Poissonniere.*
1725.	6 Juill.	Amedée	*Paris, grand Garde,*	*rue Montmartre*

MESSIEURS,

1727.	2 May	François	Pechot,	*Porte saint Marceau.*
	31 Oct.	Noel-Pierre	PASCHALIS, G. *en Ch.*	*rue Danjou au Marais.*
1730.	19 May	Louis	Pecquet,	*rue des Lombards.*
1731.	5 Janv.	François	Prevost,	*devant le Temple.*
	12 dud.	Joseph	Paulmier,	*rue de Baune.*
	16 Fev.	Jean	Pochet,	*rue Montmartre.*
	19 Oct.	Louis-Robert	Pia,	*rue des deux Ponts.*
1732.	4 Juill.	Jean	Pelletier,	*rue saint Honoré.*
1733.	7 Août	Etienne	Parisel,	*rue saint Denis.*
1734.	19 Fev.	Jean-Pierre	Pelletier,	*rue de la Truanderie.*
	22 Oct.	Nicolas	Person,	*Fauxbourg saint Antoine.*
1735.	14 Janv.	Nicolas	Porché,	*rue S. Thomas du Louvre.*
	29 Avril	Charles	Parmantier,	*rue de Vaugirard.*
1746.	13 Janv.	François	Papin,	*rue du Four, F. S. Germ.*
	27 Juill.	André	Porte,	*rue saint Denis.*
1747.	4 Janv.	Esprit-Gilles	Prevost,	*Fontaine de l'Echaudé.*
	11 dud.	Nicolas	Parigault,	*Place Maubert.*
1738.	1 Août	Antoine	Pasquier,	*rue de Gêvres.*
	12 Dec.	Pierre	Parent,	*rue des Boucher. F. S. G.*
1739.	6 Mars	Nicolas	Planche,	*rue Jacob.*
	22 May	Paul	Pinault,	*rue des Boucheries F. S. G.*
	14 Août	Denis	Petit,	*rue Quinquampois.*
1741.	5 May	Louis	Pochet,	*Fauxbourg saint Antoine.*
	20 Oct.	Jean	Picard,	*Montagne Ste Genevieve.*
	10 Nov.	Eustache	Piegue,	*au Grand Degré.*
1743.	1 Fev.	Nicolas	Petit,	*Fauxbourg saint Martin.*
	26 Juill.	Charles	Pluvinet,	*rue des Lombards.*
	23 Août	Germain-Simon	Pichard,	*rue de Fourcy.*
1744.	10 Juill.	Claude-Charles	Petit,	*Porte saint Victor.*
	dudit jour	Nicolas-Louis	Parquin,	*Cimetiere Saint Jean.*
	17 dud.	Georges	* Picard,	*rue saint Honoré.*
	dudit jour	Pierre	Pouplin,	*rue Aumaire.*
	23 Oct.	Jean-Pierre	* Pujo,	*rue Neuve des Petits-Ch.*
1745.	3 Dec.	Jacques	Portebled,	*rue de Grenelle S. Honoré.*
	10 Dec.	Charles	Premiat,	*rue de Bussy.*
1747.	9 Juin	Etienne	Piers,	*rue des Lombards.*

MESSIEURS,

1748. 5 Juill.	Côme	Peroche,	*Place aux Chats.*
11 Oct.	Nicolas	Poron,	*rue de la Calandre.*
8 Nov.	Louis	Picard,	*rue*
1749. 17 Oct.	Ant. Charl. Michel	Poulletier,	*rue saint Honoré.*

Q

1743. 12 Juill.	Jean-Michel	QUignon,	*rue saint André.*

R

1714. 4 May	Louis	ROttier,	*Fauxbourg saint Antoine.*
1717. 28 May	Jean-Joseph	Regnaud,	*rue de Seine.*
6 Août	Charles	Rozon,	*rue saint Jacques.*
19 Sep.	Antoine	Rozier,	*rue saint André.*
23 Juill.	Antoine	Regnard,	*Pont saint Michel.*
3 Sep.	Noel-Julien	Regnard,	*rue saint Germain.*
1726. 4 May	Etienne	* Rassicod,	*rue des Petits-Augustins.*
1730. 3 Fev.	Jean	Robillard,	*rue du Hurpois.*
1732. 12 Sep.	Charles	Rousseau,	*rue de Taranne.*
1733. 28 Août	François	Raffron,	*Faubourg saint Antoine.*
18 Sep.	Guillaume	* Richard,	*rue de la Juiverie.*
1734. 5 Mars	François	Richard fils,	*Porte saint Antoine.*
1737. 26 Juill.	Charles-Claude	* Rissoan,	*rue Montorgueil.*
1739. 16 Janv.	Jean-Charles	Roussel,	*rue de la Verrerie.*
1740. 11 Mars	Jean-Michel	Ruelle,	*Fauxbourg saint Lazard.*
19 Août	Quentin	Renaudin,	*rue du Mail.*
1742. 16 Mars	Nicolas	Robbe,	*rue de Richelieu.*
7 Dec.	Pierre	Roguenard,	*Fauxbourg saint Denis.*
1743. 22 Nov.	André	Roussel,	*rue saint Honoré.*
1746. 5 Août	Charles	Roger,	*Place saint Michel.*
1748. 14 Juin	Julien-Thomas	Robert,	*rue saint Denis.*
1749. 22 Août	André-Pierre	Roussel,	*rue de Bourbon Ville-N.*

S

1691. 26 Oct.	Jean-Pierre	SUllin,	*rue des Prouvaires.*

MESSIEURS,

1702. 1 Dec.	Pierre	Sorin,	rue saint Martin.
1708. 16 Nov.	François-Thomas	SORIN, ancien Garde & Député du Commerce,	rue saint Martin.
1720. 4 Oct.	Claude-Leger	Sebré,	rue saint Honoré.
1721. 16 May	Nicolas-Claude	* Santerre,	rue des deux Ponts.
1723. 1 Oct.	Simon-Mathurin	Serize,	rue Darnetal.
1726. 5 Juill.	Antoine	* Salvand,	rue saint Jacques.
1730. 21 Nov.	Joseph	Savary,	rue du Bacq.
1733. 27 Juin	François	* Sage,	rue de Bussy.
16 Oct.	Joachim	Santier,	Fauxbourg saint Antoine.
ledit jour	Pierre	Séjourné,	rue des cinq Diamans.
1735. 7 Oct.	Pierre	Sallais,	rue Montmartre.
1737. 3 May	André	Sebire,	rue saint Dominique.
14 Juin	Jean-François	Serein,	rue saint Jacques.
1740. 4 Mars	Claude	Sevestre,	rue du Petit Bourbon.
1741. 10 Fev.	Pierre	Sevestre,	rue des deux Ponts.
1743. 18 Fev.	Antoine-Joachim	Santier,	Fauxbourg saint Antoine.
1745. 22 Oct.	Jean	Sebert,	rue Notre-Dame.
29 dud.	Jean-Pierre	Soluet,	rue des Arcis.
1746. 3 Juin	François	Sallais,	rue Montmartre.
1747. 13 Janv.	Jean-Baptiste	Sené,	rue saint Benoît.
1748. 27 Dec.	Jean-Baptiste	Séjourné,	rue des cinq Diamans.
1749. 28 Mars	Thomas	Saint-Gilles,	rue des Foureurs.

T

1714. 27 Juill.	Jacques	Rochereau,	Porte saint Jacques.
1717. 18 Juin	Jean	Tonnelier,	rue des Fossés saint Germ.
1720. 18 Oct.	Louis	* Tassart,	Vieille rue du Temple.
1721. 13 Janv.	Henry	Triboulleau,	Barriere de Séve.
1722. 10 Avril	Jean-Baptiste	Thiery,	rue Montmartre.
1723. 15 Janv.	Nicolas	Testard,	rue Beaubourg.
1724. 18 Juill.	Louis-Bernard	Travers,	rue saint Honoré.
22 Dec.	Pierre	Thomas,	rue de Grenelle, F. S. G.
1723. 1 Juin	Jean	Travers,	rue de la Comédie Franç.
1726. 20 Dec.	Etienne	Theron,	Butte saint Roch.

MESSIEURS,

1729. 2 Dec.	Jerôme-Nicolas	Trudon,	*rue faint Martin.*
1733. 23 Oct.	Noel	Trancart,	*Echelle du Temple.*
1734. 26 Fev.	Pierre-Emanuel	*Taxil,	*Porte Montmartre.*
1736. 1 Juin	Georges-Edme	*Terrier,	*rue faint Denis.*
1738. 21 Nov.	Charles	Taffin,	*rue Montorgueil.*
1740. 11 Mars	Antoine	Trezel,	*Fauxbourg faint Honoré.*
15 Juill.	Jacques	Trudon,	*rue faint Honoré.*
ledit jour	Jacques-François	Trudon,	*rue de l'Arbre-fec.*
1743. 8 Fev.	Simon	Thommé,	*rue de la Huchette.*
24 May	Pierre	Thuillier,	*Carrefour faint Benoît.*
ledit jour	Alex. Theodore	Thuillier,	*rue faint Denis.*
1744. 7 Janv.	Claude-Pierre	Torin,	*au Gros Cailloux.*
21 dudit	Jean-François	Thomas,	*rue faint Jacques.*
11 Dec.	François	Taffery,	*rue aux Ours.*
1745. 19 Mars	Jean-Baptifte	Trochereau fils,	*Place Maubert.*
1746. 19 Août	Pierre-Barnabé	Thibault,	*rue Beauregard.*
2 Dec.	Pierre-Noel	Toutain,	*Fauxbourg Montmartre.*
1747. 18 Août	Jean	Tacher,	*rue des Nonindieres.*
22 Sep.	Claude	Tirlet,	*rue du Vieux Colombier.*
27 Oct.	Louis	Tribut,	*rue de Seine.*

V

1718. 22 Nov.	Jean-Bapt. Claude	Villard,	*rue de Buffy.*
1720. 18 Oct.	Louis-Clement	Vieillard, Gr. G.	*rue Tirchape.*
1723. 27 Août	André	Villain,	*Fauxbourg faint Antoine.*
1730. 27 Janv.	Pierre	Vezon,	*rue Montmartre.*
10 Nov.	Antoine	*Vaffal,	*rue de Gévres.*
1731. 7 Sep.	Louis	Vignier,	*rue de Buffy.*
1733. 29 May	Charles	Vachier,	*rue S. Jacq. la Boucherie.*
1740. 8 Janv.	Jean-Jacq. Carrey	Villier,	*rue faint Honoré.*
1741. 7 Avril	Pierre-Raimond	Vaconffain,	*rue faint André.*
1742. 17 Août	Nicolas-Quentin	Vigneron,	*rue Aubri-le-Boucher.*
1744. 13 Oct	Pierre-Gabriel	Vaucanu,	*rue faint Chriftophe.*
1746. 5 Août	Jacques-Benigne	Vignon,	*rue faint Antoine.*
1749. 5 Sep	Jean-Charles	Vernois,	*rue*
12 Dec.	François	Villain,	*rue des Lombards.*

MESSIEURS;

MESSIEURS,
LES RETIRE'S DU COMMERCE.

1675.	1 Déc.	Marc	*Heron, *anc. Garde,* rue du Jour.*
1694.	8 Oct.	Amable-Joseph	Deschamps, *anc. G. rue de la Chanverrie.*
1695.	16 Fev.	François	Luzarche, *rue des Trois Mores.*
	15 Avril	Charles	Lheritier, *rue saint Denis.*
1696.	1 Fev.	François	Hatry, *rue saint André.*
	30 Sep.	François	Duval, *rue des Rats.*
	15 Nov.	Etienne	Ferand, *rue saint Martin.*
1698.	19 Déc.	Pierre	Famin, *ancien Garde*
			& Doyen. rue de la Coffonnerie.
1700.	14 May	Jacques	de Monqueron, *rue de la Coffonnerie.*
	10 Déc.	Pierre	Breban, *devant le Temple.*
1701.	14 Oct.	Etienne	Trumeau, *anc. Gar. rue Se Croix de la Breton.*
1702.	18 Août	Pierre	Benois, *rue de la Vieille Monnoye.*
	1 Déc.	Claude	Villain, *anc. Garde, rue saint Mery.*
1703.	10 Juill.	Antoine	*Duverger, *anc. Gar. rue sainte Avoye.*
1704.	18 Janv.	Claude-François	Jolly, *rue de la Vieille Monnoye.*
	22 Fév.	Jacques	Gillet, *rue Comtesse d'Artois.*
	ledit jour	Louis	Millot, *anc. Garde, rue Aubri-le-Boucher.*
	20 Juin	Jean	Coquart, *rue du Four, F. S. Germ.*
1706.	12 Fév.	Guillaume-Nicolas	Capet, *rue saint Honoré.*
	20 Août	Jean	Langlois, *rue Quinquampois.*
1707.	20 Janv.	Alexandre-Laurent	Procope, *rue de la Comédie Franç.*
	11 Fév.	François	Camus, *anc. Garde, rue Aubri-le-Boucher.*
	10 Juin	Jacques	Guerin, *Butte saint Roch.*
	30 Sep.	Charles-Guil. de la	Fuye de Joyenval, *rue Calandre.*
1708.	28 Sept.	René-Louis	*Bailly, *anc. Garde, Cul-de-Sac Sainte Croix.*
1709.	15 Mars	Pierre	Loifel, *rue Beaubourg.*
	12 Avril	François	Richard, *rue saint Paul.*
	17 Nov.	Nicolas	Cailleux, *rue Bourtibourg.*
1711.	12 Juin	Maurice	Touzé, *rue saint Germain.*
	31 Juill.	Ant. Florent dit	Ollivier, *rue de la Mortellerie.*
	2 Oct.	Nicolas	Maurice, *rue Mouffetard.*
	18 Déc.	George	Goujon, *anc. Garde, rue de la Vieille Monnoye.*
1712.	15 Juill.	Barthel. Augustin	Boudet, *Juge-Conf. rue saint Martin.*

D

MESSIEURS,

1712. 30 Sept.	Claude-René	Sebré, *anc. Garde*,	*rue saint Honoré.*
14 Oct.	Antoine	*Chilhaud, anc. Gar.*	*rue de Seine.*
1713. 3 Fev.	Christophe	Isnard,	*Place de Sorbonne.*
12 May	Jean-Baptiste	Creton,	*rue Plâtriere.*
23 Juin	Simon	Pichard,	*rue de Fourcy.*
15 Sep.	Michel	Mazion,	*rue Comtesse d'Artois.*
1714. 13 Avril	Jerôme	Trudon,	*rue de Richelieu.*
18 May	Etienne-Domin.	Thevenot,	*rue saint Antoine.*
1715. 22 Mars	Michel	Pillard,	*à Versailles.*
12 Avril	Nicolas	Potier,	*rue saint Antoine.*
5 Juin	Pierre	Goujon, *anc. Garde,*	*Porte saint Antoine.*
19 Juill.	Nicolas-Jacques	Dufour,	*rue des Quatre-Vents.*
15 Nov.	François	Daracq,	*Place Vendôme.*
1718. 22 Avril	Jean-Philippe	Filliot,	*rue Bourtibourg.*
17 Juin	Louis	Voisin,	*rue du Vieux Colombier.*
21 Oct.	Charles-Nicolas	*Clement,	*rue du Four, F. S. Germ.*
18 Nov.	Robert	Chefdeville,	*rue saint Jacques.*
22 dudit	Jean-Baptiste	Sejourné, *anc. Gar.*	*rue des cinq Diamans.*
dudit jour	François-Joachim	Le Joindre,	*rue Ste Croix de la Breton.*
1719. 10 Fév.	Jean-Baptiste	Besnard,	*rue de Bourb. à la Ville-N.*
22 Avril	Noël	Poirier,	*rue de Berry.*
6 Juill.	Joseph	Henry, *anc. Garde,*	*rue Montmartre.*
1720. 1 Mars	Jean	Didon,	*rue Coppeau.*
5 Avril	Simon	Ruelle, *Court. du B.*	*Cloître du Sepulcre.*
3 May	Nicolas	Michelin,	*rue Charlot.*
17 dudit	Charles-Antoine	Blezimard,	*Croix des Petits-Champs.*
7 Juin	Antoine	Bourgeois,	*rue saint Honoré.*
19 Juill.	Louis-Charlem.	de Monqueron,	*rue Tiquetonne.*
18 Oct.	Jacques-Philippe	Andrieux,	*rue des Prouvaires.*
dudit jour	Louis	Trouard,	*rue Poissonniere.*
1721. 19 Déc.	Adrien	Plinguet,	*rue Quinquampois.*
22 Août	François	Gousserie, *Cour. du B.*	*rue de la Heaumerie.*
29 Août	François-Guill.	Ravinet, *Cour. du B.*	*rue de la Tixeranderie.*
1723. 23 Juill.	François	Divry,	*rue saint Jacques.*
6 Août	Claude	Graville,	*rue Beaubourg.*
dudit jour	Louis	Besnard,	*Montagne Ste Genevieve.*

MESSIEURS,

1723. 7 Sep.	François	de la Rue ,	Porte *faint Michel.*
1724. 28 Avril	Antoine-François	Cœurdeville ,	*rue de la Calandre.*
1728. 30 Avril	Fulcrant-François	Laus ,	*rue de la Vieille Monnoye.*
7 May	Simon-François	Duchaufour ,	*rue Jacob.*
1730. 31 Mars	Jean-Baptiſte	Soffice ,	*rue de Grenelle faint Ger.*
23 Juin	Jean-Louis	Girault ,	*Butte faint Roch.*
1732. 16 May	Nicolas	Aubert ,	*rue des Lombards.*
19 Déc.	Jean	Vaſſelin ;	*rue Quinquampois.*
1734. 5 Nov.	Nicolas	Muiron ,	*rue fainte Marguerite.*
1735. 29 Avril	Joſeph	Warnet ,	*rue Quinquampois.*
1737. 29 Nov.	Jean-Louis	Guymonneau fils ,	
		non établi ,	chez M. fon pere.
1738. 19 Sep.	Charles	Lecour ,	*rue*
1739. 16 Janv.	Jacques-Claude	Rouſſel ,	*rue des Deux Portes.*
dudit jour	Pierre	Paſſevin ,	*rue des Deux Ponts.*
1740. 4 Nov.	Pierre-Jacques	* Vaſſou ,	*rue*
1742. 20 Avril	François	Thenery ,	*Cloître S. Jacq. la Bouch.*
7 Déc.	Ange-Memin	Berieux ,	*rue faint Denis.*
1743. 18 Fév.	Louis-Charlem.	Jourdin fils ,	*chez M. fon pere.*
dudit jour	Etienne-Louis	Prignet ,	*chez Madame fa mere.*
21 Juin	Jacques-Philippe	Chapel , *non établi ,*	
26 Juill.	Charles-Simon	Trudon , *non établi,*	
2 Août	Pierre-Louis	Camus ,	*rue de Bourbon , F. S. G.*
1744. 13 Mars	Philippe-Nicolas	* Pia , *non établi ,*	*chez M. fon pere.*
1745. 19 Fév.	Jean-Pierre	Poiſſon , *non établi ,*	
5 Mars	Louis	Auger fils, *non é: abli,*	
1748. 29 Mars	Louis-François	Bouillet ,	*chez M. fon pere.*
17 May	Claude-François	Geoffroy fils , *non*	
		établi ,	*chez M. fon pere.*
20 Déc.	Olivier-Clement	Vieillard , *non établi ,*	*chez M. fon pere.*
1749. 5 Sept.	Jean-Charles	Vernois ,	*rue*
3 Oct.	Jean-François	Heriſſant , *non établi ,*	*rue Notre-Dame.*

MESDAMES LES VEUVES.

Date	Prénom	Nom	Adresse
1665. 29 Dec.	Jean	Andry, *Rétirée*,	*rue de la Harpe.*
1678. 1 Avril	Jacques	* Morin, R.	*rue Montmartre.*
1686. 17 Mai	François	Dumoutier, R.	*rue de la Truanderie.*
1687. 25 Avril	Claude	* Mayol, R.	*rue de la Juiverie.*
9 Dec.	Thomas	* Hennique,	*rue Notre-Dame.*
1689. 6 Mai	Jacques	Fagnou, R.	*rue des Prouvaires.*
1690. 22 Dec.	Joachim	Le Joindre, R.	*rue Ste Croix de la Breton.*
1692. 17 Avril	Gilbert	Bourguignon, R.	*rue de la Monnoye.*
1693. 7 Août	Antoine	Bazin, R.	*rue des Lombards.*
1697. 9 Août	Jacques	Le Normand, R.	*Cour du Dragon.*
15 Nov.	Gabriel	Bernon,	*Place Maubert.*
1698. 10 Oct.	Pierre-Louis	Vignon, R.	*rue Montmartre.*
1700. 5 Mars	Nicolas	De la Velle, R.	*rue de la Feronnerie.*
14 Mai	Jean-Nicolas	* Dubalin, R.	*rue des Fossés M. le Prince.*
17 Juil.	Charles	Rousseau,	*rue saint Germain.*
1701. 4 Oct.	David	* Gillet, R.	*rue des Lombards.*
1702. 4 Août	Gilles	* Biheron, R.	*rue Neuve saint Etienne.*
22 Oct.	Jean	* Pradignac, R.	*rue saint André.*
1703. 2 Fév.	Louis	Gouffé, R.	*rue de la Barillerie.*
1704. 29 Fév.	Pierre-Jacob	Poisson,	*Marché aux Poirées.*
23 Mai	Etienne	Chapelet,	*rue du Four, F. S. Germ.*
18 Juil.	Pierre	Descaves,	*Butte saint Roch.*
21 Nov.	Claude	Besnard,	*rue de Condé.*
1704. 21 Nov.	François	De Lorme, R.	*rue saint Denis.*
1706. 24 Sept.	Nicolas	Plaisir, R.	*rue de la Cerisaye.*
22 Nov.	Nicolas-Jacques	Michel,	*Marché aux Poirées.*
31 Dec.	Guillaume	Boillac,	*rue Transnonin.*
1707. 18 Nov.	Louis-Cezar	Famin, R.	*rue de la Cossonnerie.*
9 Dec.	Jean-Baptiste	Mesaiger,	*rue des Lombards.*
1708. 2 Mai	Louis	Michel,	*Vieille rue du Temple.*
22 Juin	Antoine	Bigot, R.	*Cloître saint Mery.*
7 Sept.	Pierre-Jacques	Luzin,	*rue Beaubourg.*
14 Dec.	Jean-Baptiste	Segala,	*à la Croix rouge.*
1710. 30 Mai	Henry	Ruelle,	*Fauxbourg saint Martin.*
24 Oct.	Angelin	* Paschalis,	*rue d'Anjou.*
1711. 24 Avril	Michel	Le Vieil, R.	*rue des Lombards.*

MESDAMES LES VEUVES.

1711. 29 Mai	Nicolas-Louis	Le Tellier,	*rue de Charonne.*
9 Août	Laurent-Broyer	Dupuis,	*rue Montmartre.*
1712. 2 Dec.	Jean	Villain,	*rue des Arcis.*
16 dudit	Jacques-Philippe	Besnard,	*rue Mouffetard.*
dudit jour.	Pierre	Robert,	*rue Mouffetard.*
1713. 13 Mai	Etienne	Michon,	*rue des Lombards.*
26 dudit	Nicolas	* Le Sueur,	*Fauxbourg saint Honoré.*
15 Sept.	Jean	Marié,	*rue de la Mortellerie.*
15 Dec.	Claude	* André,	*rue S. Louis près le Palais.*
1714. 19 Janv.	François	Berault,	*rue des Arcis.*
dudit jour	Jacques	Poiré,	*Place aux Veaux.*
16 Mars	François	Le Comte, R.	*rue de la Truanderie.*
dudit jour.	Charles	Gonet, R.	*rue de la Harpe.*
6 Oct.	Nicolas	Mareüille, R.	*rue de Braque.*
7 Dec.	Mellon	Rousseau,	*Fauxbourg saint Laurent.*
1715. 4 Oct.	Raimond	* Villebrun,	*rue de la Harpe.*
20 Nov.	Philippe	Buteux, R.	*rue des Vieux Augustins.*
21 dudit	Antoine	De la Porte,	*rue Comtesse d'Artois.*
1716. 18 Dec.	Louis	Barbier,	*rue de l'Oursine.*
1717. 5 Mars	Claude	Bachereau,	*rue saint Denis.*
3 Sept.	Pierre	Loyauté,	*rue Comtesse d'Artois.*
28 Mai	Jacques	Regnard,	*Fauxbourg saint Denis.*
1718. 11 Oct.	Pierre	Lucas,	*rue de la Cossonnerie.*
29 dudit	Pierre	Damien, R.	*rue saint Honoré.*
1720. 26 Juil.	Philippe	Richer,	*rue du Cherche-midi.*
18 Oct.	Etienne	Prignet,	*rue saint Roch.*
1721. 14 Fév.	Joseph	La Porte,	*rue saint Jacq. la Boucher.*
30 Mai	Simon	Muiron, R.	*rue de la Sourdiere.*
1722. 8 Mai	Jacques	Gidois,	*rue Mazarine.*
1723. 3 Sept.	Pasquier	Darras,	*rue saint Paul.*
17 dudit	Claude	De la Seigne, R.	*rue*
1724. 14 Janv.	François	* Clerembourg,	*rue saint Honoré.*
10 Mars	Pierre-Joseph	Rivet,	*rue de Condé.*
9 Juin	Jean	Trancart,	*rue saint Denis.*
15 Sept.	Charles-Louis	Millon,	*rue d'Argenteuil.*
1725. 7 Juin	Jean	Le Clerc,	*Cloître sainte Genevieve.*

MESDAMES LES VEUVES,

1725.	7 Juin	François	Auger,	*rue Mouffetard.*
1727.	8 Fév.	Jean-Henry	Chelers,	*rue saint Denis.*
1728.	30 Avril	Louis	Hutte,	*rue saint Victor.*
	3 Sept.	Louis	Demilly,	*Fauxbourg saint Antoine.*
	17 dudit	Pierre	Sallais,	*Porte saint Denis.*
1730.	11 Août	Michel	Manceau,	*Marché Neuf.*
1731.	22 Juin	Antoine	Bournegal,	*rue de Braque.*
	31 Août	Nicolas-François	Aubouin,	*Fauxbourg saint Honoré.*
1732.	16 Mai	Michel	Quignon,	*rue Ferou.*
	18 Juin	François	Boival,	*rue saint Victor.*
1740.	27 Mai	Nicolas-François	Manceau,	*sous les Pilliers d'Etain.*
1741.	10 Fév.	Rolland	Le Riche,	*rue du Cherche-midi.*
1742.	6 Avril	Charles-Armand	Moreau,	*rue saint Antoine.*

MESDAMES LES VEUVES.